TROIS RAPPORTS

SUR

UN MÉMOIRE DE M. JULES GUÉRIN,

RELATIFS

AUX DÉVIATIONS SIMULÉES DE LA COLONNE VERTÉBRALE,

Faits à l'Académie Royale de Médecine,

AU NOM D'UNE COMMISSION COMPOSÉE

De Messieurs

AMUSSAT, BRESCHET, BRICHETEAU, DOUBLE, PAUL DUBOIS, LONDE, OLIVIER (d'Angers), ORFILA, HUSSON, VELPEAU;

PAR M. CRUVEILHIER,

PROFESSEUR A LA FACULTÉ DE MÉDECINE DE PARIS.

IMPRIMERIE D'ADOLPHE ÉVERAT ET COMPAGNIE,
Rue du Cadran, 16.

1856.

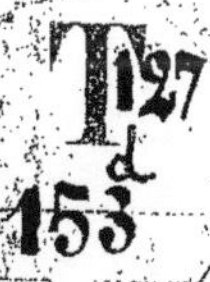

TROIS RAPPORTS

SUR

UN MÉMOIRE DE M. JULES GUÉRIN,

RELATIFS

AUX DÉVIATIONS SIMULÉES DE LA COLONNE VERTÉBRALE,

Faits à l'Académie Royale de Médecine,

AU NOM D'UNE COMMISSION COMPOSÉE

De MM. Amussat, Breschet, Bricheteau, Double, Paul Dubois, Londe, Olivier (d'Angers), Orfila, Husson, Velpeau;

Par M. CRUVEILHIER,

PROFESSEUR A LA FACULTÉ DE MÉDECINE DE PARIS.

IMPRIMERIE D'ADOLPHE ÉVERAT ET COMPAGNIE,
Rue du Cadran, 16.

1856.

AVERTISSEMENT.

———

> ...L'inspection seule du plâtre moulé sur cette fille eût suffi pour trahir l'origine de sa difformité artificielle, car le plâtre ne représente pas une déviation latérale de la colonne telle que les produit la nature, mais une flexion unique de toute l'épine, dont les caractères anatomiques diffèrent totalement des caractères propres aux déviations véritablement pathologiques.
>
> *Lettre de M. J. Guérin à l'Académie royale de Médecine.* (Séance du 15 septembre 1835.)

M. Hossard, d'Angers, qui n'est pas médecin, est venu soumettre à l'examen de l'Académie royale de Médecine une ceinture propre à combattre les déviations de la taille. Il traita sous les yeux d'une commission trois jeunes filles, parmi lesquelles se trouvait la femme de chambre de madame Hossard. D'après des rapports sur les antécédents de cette fille, qui, au dire de certaines personnes, passait pour être très-bien faite à Angers, et d'après l'inspection de son plâtre, je crus pouvoir écrire à l'Académie qu'on l'avait trompée, et que cette fille, appelée Jenny Guéry, n'avait pas une véritable difformité, mais une difformité factice. Pour se venger de ma témérité, M. Hossard m'intenta un procès, non pas en *calomnie*, mais en *diffamation*. On remarquera que la loi française sur la diffamation punit quiconque se permet des allégations *vraies* ou *fausses*, portant atteinte à l'honneur ou à la considération d'autrui; on remarquera encore qu'en vertu de la même loi, nul n'est admis à *prouver la vérité* des faits diffamatoires. J'ai en effet voulu prouver la vérité des faits que j'avais avancés concernant M. Hossard; mais les juges ont refusé mes preuves, et m'ont très-légalement condamné à 2000 fr. de dommages et intérêts.

Peu satisfait, et surpris d'un semblable jugement, avec tous les hommes qui s'occupent de presse, j'interjetai appel. Je crus que la vérité, démontrée malgré la loi, amènerait quelque modification dans l'opinion et la déclaration des seconds juges, et je me mis à prouver publiquement et scientifiquement que la difformité de Jenny Guéry avait été artificielle. Je présentai dans cette vue, à l'Académie royale de Médecine, un *Mémoire sur les caractères propres à faire distinguer les difformités factices de l'épine des difformités naturelles ou morbides.*

Un premier rapport, fait au nom d'une commission composée de MM. Amussat, Breschet, Orfila, Velpeau, par M. Cruveilhier, fut tel que je l'avais espéré; mais les discussions orageuses que le rapport souleva, et que quelques personnes prolongèrent à dessein, empêchèrent l'Académie de le sanctionner par son vote avant la fin de mon procès d'appel. Je fus condamné pendant qu'on discutait encore à l'Académie; mais, comme pour me dédommager du jugement qu'il se trouvait forcé de maintenir, le tribunal eut l'obligeance de déclarer dans ses considérants que, « *quelle que fût l'opinion du corps savant saisi de cette affaire*, M. Guérin n'en était pas moins condamné pour avoir dit des choses de nature à porter atteinte à la considération de M. Hossard. »

Le procès, terminé en justice, continua à l'Académie. L'ancienne commission, chargée de constater les cures de M. Hossard et de prononcer en second lieu sur leur valeur, demanda à être adjointe à la nouvelle. Ces deux commissions réunies firent un second et un troisième rapport, qu'on lira plus loin.

Enfin, après plus de deux mois de délibérations, de discus

sions, de réclamations de toute espèce et venues de toute part, l'Académie royale de Médecine a adopté les différents rapports de ses deux commissions, qui ont reconnu très-explicitement ce que j'avais déclaré près d'une année auparavant, savoir : *que la femme de chambre nommée Jenny Guéry, traitée par M. Hossard, sous les yeux d'une commission de l'Académie, n'avait pas une difformité réelle, mais une difformité factice.*

Je me serais contenté de la justice qui m'a été rendue à huis-clos par l'Académie, si des personnes intéressées n'avaient continué à donner le change sur la nature du procès que j'ai perdu, et sur la signification des suffrages dont l'Académie a bien voulu honorer mon travail.

PREMIER RAPPORT.

Messieurs,

Dans votre dernière séance, vous nous avez désignés, MM. Breschet, Amussat, Velpeau, Orfila et moi, pour vous faire un rapport sur un travail de M. J. Guérin ayant pour titre : *Mémoire sur les caractères différentiels des difformités artificielles et des difformités pathologiques de l'épine.* A cet effet, la commission s'est transportée à l'amphithéâtre de Clamart, où, les pièces pathologiques sous les yeux, elle a été en mesure d'apprécier la valeur des faits consignés dans le mémoire de M. J. Guérin, et des points de doctrine qui en sont la conséquence.

Le but de ce travail est d'établir : 1º qu'un certain nombre de déviations de la colonne vertébrale peuvent être simulées; 2º qu'il existe des signes certains à l'aide desquels on peut distinguer les déviations simulées des déviations morbides.

Les cas dans lesquels les déviations de l'épine peuvent être simulées ne sont pas rares. Aux motifs de fraude ou d'erreur rapportés par M. Guérin, j'ajouterai un fait qui s'est présenté à mon observation. J'ai été consulté successivement par plusieurs mères de famille qui venaient me demander conseil sur la taille déviée de leurs demoiselles. Un fabricant de corsets en renom venait de s'apercevoir de cette difformité, qui jusqu'à ce moment avait échappé aux yeux clairvoyants d'une mère. Mais comment en douter ? On lui avait montré la taille déviée, un creux considérable entre la crête iliaque et les dernières côtes, une épaule et une hanche plus saillantes que l'épaule et la hanche du côté opposé. On conseillait d'ailleurs, comme remède infaillible, un certain corset qui triomphait à coup sûr de ce genre de maladie. Il m'a été facile de reconnaître et de signaler la supercherie en faisant incliner la jeune fille alternativement à droite et à gauche, et en déterminant un creux du côté où le faiseur de corsets avait montré une saillie, et réciproquement en ramenant la colonne vertébrale à sa rectitude la plus parfaite. Mais ce fait avait passé sous mes yeux sans que j'y eusse attaché une grande importance; et je ne m'étais nullement occupé de différencier les déviations morbides des déviations volontaires : je ne me doutais pas d'ailleurs qu'on pût recourir volontairement à ces sortes d'imitations.

Que s'il pouvait rester quelques doutes sur la possibilité de simuler les déviations latérales de la colonne vertébrale, il suffirait de jeter les yeux sur les quatre plâtres envoyés par M. Bouvier à l'Académie royale de Médecine le 22 septembre 1835, plâtres qui ont été pris sur deux sujets moulés dans deux attitudes différentes; deux des bustes offraient l'image d'une déviation latérale de l'épine portée à un haut degré, les deux autres représentaient les sujets droits; et dans la lettre qui accompagnait cet envoi, M. Bouvier disait que non-seulement ces sujets ont pu être amenés en quelques minutes par de simples mouvements volontaires à une position qui simulait, de la manière la plus trompeuse, des difformités considérables du tronc, mais qu'ils ont encore gardé d'eux-mêmes cette situation sans aucun moyen contentif, en même temps qu'ils se livraient à des mouvements de locomotion.

Indépendamment des déviations *simulées par imitation* qu'on peut prendre et abandonner ou reproduire à volonté, M. Guérin admet encore des déviations *simulées par provocation*, c'est-à-dire, suivant le sens attaché à ce mot par MM. Marc, Orfila et tous les médecins légistes, des déviations simulées qui ont acquis un certain degré de permanence contre la volonté de ceux qui les portent. M. Guérin ne s'est occupé dans son mémoire que des déviations simulées par imitation et plus particulièrement des déviations latérales qui sont plus faciles à produire volontairement que les déviations antéro-postérieures qu'il appelle *excurvations ou incurvations*.

Or, les déviations simulées par imitation se distinguent des déviations morbides par des caractères tellement tranchés qu'il sera désormais impossible de les confondre. Les caractères différentiels sont les suivants.

1° Dans les déviations simulées, le siége de la déviation est toujours le même, à la région dorso-lombaire ; courbure constamment unique et ayant son centre au niveau des dernières vertèbres dorsales ; absence de saillie ou gibbosité au niveau de la convexité de la courbure; sillons ou plis de la peau ordinairement au nombre de deux, toujours situés entre la crête iliaque et la dernière côte; inclinaison considérable du tronc dont l'extrémité supérieure s'écarte beaucoup de la ligne de gravité; élévation de la hanche du côté de la concavité lorsque le talon est détaché du sol, et raccourcissement proportionnel du membre abdominal correspondant.

2° Dans les déviations morbides, au contraire, siége variable de la déviation; courbures toujours multiples et alternes dont une principale, les autres n'étant que supplémentaires; présence constante de reliefs ou de gibbosités dorsales ou lombaires du côté de la convexité des courbures; sillons cutanés moins prononcés et variables quant au siége comme les déviations elles-mêmes; point ou peu d'inclinaison du tronc à raison des courbures supplémentaires; élévation de la hanche presque insensible ou de quelques lignes seulement.

C'était beaucoup d'avoir établi d'une manière aussi positive les caractères à l'aide desquels on peut toujours distinguer les déviations morbides des déviations simulées; mais pour donner à ce point de doctrine une base scientifique, il fallait déterminer la raison anatomique et physiologique de ces caractères différentiels. M. Guérin est parvenu à approfondir ce sujet difficile, et nous verrons qu'il a su jeter un jour nouveau sur les questions suivantes, encore inabordées.

Pourquoi les déviations simulées de l'épine offrent-elles une constance d'identité de caractères? Pourquoi siégent-elles toujours à la région dorso-lombaire? Pourquoi la courbure est-elle unique au lieu d'être multiple, comme dans les déviations morbides où l'on trouve toujours deux, trois, quatre inflexions alternes?

Pourquoi cette absence constante de gibbosité où de saillie des muscles, des côtes, des épaules, des apophyses transverses, inséparables des déviations morbides? Une pareille uniformité de résultats doit tenir, non-seulement à des causes identiques, mais encore à certaines conditions anatomiques permanentes de la colonne et des agents qui la meuvent.

L'étude du mécanisme de la colonne vertébrale établit que les mouvements de totalité de cette colonne ont pour centre le point de réunion de la région dorsale et de la région lombaire; c'était donc là que M. Guérin devait chercher les conditions anatomiques du mouvement de flexion latérale. Or, indépendamment des différences générales de forme et de direction que présentent les

apophyses articulaires des vertèbres dorsales et celles des vertèbres lombaires, différences qui ont lieu brusquement, et sans
transition, d'une région à une autre région, M. Guérin a remar-
qué des dispositions toutes spéciales dans les facettes articulaires
de l'articulation de la onzième avec la douzième vertèbre dorsale :
ces dispositions consistent (je cite textuellement) : « d'une part,
» dans la direction plus complétement perpendiculaire et trans-
» versale de ces facettes, et de l'autre dans une espèce de rainure
» formée par un prolongement en haut et en devant du tubercule
» supérieur de l'apophyse transverse de la douzième vertèbre
» dorsale qui se recourbe à la façon d'un crochet, de manière à
» convertir en gouttière ou rainure transversale l'espace compris
» entre cet appendice et l'apophyse articulaire supérieure de la
» même vertèbre ; dans cette rainure est reçu le bord inférieur de
» la facette articulaire de la onzième vertèbre dorsale, qui y
» glisse sans le moindre obstacle pendant les mouvements de
» flexion latérale de la colonne. »

Votre commission a reconnu l'existence de cette double disposition, savoir : la direction plus complétement perpendiculaire et
transversale des facettes articulaires, et la présence d'une rainure profonde au devant du tubercule apophysaire de la
douzième vertèbre dorsale, lequel fait suite aux tubercules apo-
physaires des vertèbres lombaires, et remplace, quant à la
douzième vertèbre dorsale, l'apophyse transverse : ce sont deux
faits anatomiques certains, positifs, et qui n'avaient pas été si-
gnalés.

Votre commission n'a point reconnu d'une manière aussi évi-
dente, entre les onzième et douzième vertèbres dorsales, et entre quelques-unes des vertèbres qui les précèdent, « deux dé-
» pressions, espèces de prolongements des facettes articulaires,
» situées au-dessous et en devant des apophyses obliques supérieu-
» res, au bord supérieur de la racine de l'apophyse épineuse, et
» deux éminences articulaires correspondantes, formées par le
» prolongement des apophyses obliques inférieures. »

Quoi qu'il en soit de cette légère dissidence d'opinions, qui est
sans importance quant au fond de la doctrine, il n'en est pas
moins démontré, sous le point de vue anatomique aussi bien que
sous le point de vue physiologique, que le centre des mouvements
de totalité de la colonne vertébrale et des mouvements de flexion
latérale en particulier a son siége aux limites de la région dorsale

et de la région lombaire, et que, comme le fait remarquer M. Guérin, les muscles carré des lombes, la masse commune aux sacro-lombaires long-dorsal et transversaires épineux, les grand et petit obliques, lesquels sont les agents de la flexion latérale, sont en quelque sorte circonscrits à cette région, ou du moins lui appartiennent d'une manière plus spéciale.

Après avoir ainsi éclairé la question du siége des déviations simulées, M. Guérin s'est occupé de la solution d'une question non moins importante: je veux parler de l'absence de relief ou de gibbosité dans les déviations simulées, et de sa constance dans les déviations pathologiques.

La gibbosité dorsale ou lombaire est un effet nécessaire du mouvement de torsion que subit l'épine dans toutes les déviations morbides, mouvement de torsion qui les suit comme l'ombre, pour me servir de l'expression de M. Guérin, à quelque degré et dans quelque région qu'on les observe, et qui est en raison directe du degré de cette déviation. On conçoit en effet que la colonne vertébrale ne peut éprouver ce mouvement de torsion sans soulever, du côté de la convexité, toutes les parties dures et molles avec lesquelles la portion tordue est en rapport, telles que les apophyses transverses, les côtes et les muscles, par contre sans déterminer une dépression des parties situées au niveau de la concavité. Une des conséquences les plus importantes de cette torsion, que le rapporteur de votre commission a eu l'occasion de constater dès l'année 1825 (voy. *Bulletin de la soc. anat.*, *Bibl. médic.*, janvier 1826; *Cours d'études anatomiques*, 1830, p. 254), c'est que les courbures de la colonne vertébrale, pathologiquement déviées, présentent de grandes différences à l'observateur, suivant qu'elles sont mesurées en arrière, c'est-à-dire le long de la ligne des apophyses épineuses, ou en avant, c'est-à-dire le long des corps des vertèbres. M. Guérin nous a même montré des sujets chez lesquels la colonne vertébrale, vue par derrière, ne présente aucune déviation appréciable, tandis que vue par devant elle offre des courbures extrèmement prononcées.

Y a-t-il un rapport constant qui puisse être représenté numériquement par une échelle de proportion entre les déviations des apophyses épineuses et les déviations des corps des vertèbres, de telle façon qu'on puisse, dans tous les cas possibles, résoudre ce problème: étant donnée la déviation des apophyses épineuses, déterminer le degré de déviation des corps des vertèbres? La

commission invite M. Guérin, qui lui a fait part des principaux résultats auxquels il est parvenu, à vouloir bien communiquer à l'Académie ses recherches à cet égard.

Le fait de la torsion, comme phénomène constant, primitif, capital, dans les déviations morbides de l'épine, étant bien établi, il s'agissait de l'interpréter, et c'est ce que M. Guérin me paraît avoir fait de la manière la plus satisfaisante.

On prouve, en effet, en physique, que lorsqu'on fléchit une tige sur une arète, ou dans le sens de sa plus grande épaisseur et de sa plus grande résistance, la tige, fixée par ses deux extrémités, éprouve dans les points diamétralement soumis à la force de flexion un mouvement de torsion qui lui permet de présenter son côté ou sa face la moins épaisse et la moins résistante.

Eh bien! la colonne vertébrale, considérée sous le point de vue de sa structure, de ses dispositions articulaires, de ses muscles, qui, comme des ligaments actifs, résistent à la distension et tendent à rapprocher leurs points d'insertion, la colonne vertébrale, dis-je, se trouve parfaitement dans les conditions de cette tige.

Je me contenterai de ce simple aperçu, à l'exemple de M. Guérin lui-même, qui a fait de cette question, fondamentale en orthopédie, le sujet d'un mémoire particulier.

Rien de semblable ne s'observe dans les déviations simulées, qui ne sont autre chose que le résultat de mouvemens physiologiques : or, s'il n'existe pas, s'il ne peut exister, dans ce cas, des mouvements de torsion du corps des vertèbres, par une conséquence nécessaire, le soulèvement des apophyses transverses, des côtes, des muscles et de la peau, qui constituent la gibbosité, doit manquer complétement.

Quant à l'unité, à l'uniformité des courbures dans les déviations simulées d'une part, à la diversité et au défaut d'uniformité dans les déviations morbides d'une autre part, est-il besoin de dire que la déviation simulée étant le simple résultat d'un mouvement physiologique, d'une attitude, d'une contraction musculaire, volontaire, s'exerçant constamment sur la même partie de l'épine, toutes ces déviations doivent présenter identiquement les mêmes caractères, sauf le degré, et que les courbures de balancement ne sauraient instantanément s'établir ; que les éléments qui concourent à la formation des déviations latérales pathologiques étant, au contraire, très-nombreux et très-complexes, avec eux doivent incessamment se modifier les résultats, si bien qu'il est excessivement rare de rencontrer deux colonnes vertébrales déviées pathologiquement offrant exactement les mêmes caractères; que, dans les déviations morbides, les courbures de balancement ou supplémentaires sont une conséquence nécessaire de la présence d'une courbure principale, et ont pour but de reporter l'axe du tronc dans la ligne de gravité, d'où le défaut d'inclinaison de la partie supérieure du tronc?

Tel est, Messieurs, le résumé des faits principaux contenus dans le travail de M. Guérin. A l'appui de son mémoire, M. Guérin nous a présenté plusieurs pièces parmi lesquelles se trouvaient deux plâtres tirés de la collection de l'Académie. L'un a été moulé sur celui de Victoire Villemain, adressé à l'Académie par M. Bouvier, et offrant un exemple de difformité factice de l'épine; *l'autre est celui de Jenny Guéry, qui fut soumise naguère à un traitement orthopédique sous les yeux d'une commission de l'Académie. Votre commission n'a pu s'empêcher de reconnaître que ces deux plâtres offrent une ressemblance parfaite, et appartiennent évidemment à la même classe de difformités, aux difformités factices.*

L'Académie regrettera sans doute que les nouvelles lumières fournies par M. Guérin, et qui ont porté la plus entière conviction dans l'esprit de tous les commissaires, ne lui aient pas été fournies plus tôt; grâces à des determinations aussi précises que rigoureuses, M. Guérin a rempli la lacune qui existait dans la science orthopédique, au point que toute erreur paraît désormais impossible.

M. Guérin a même signalé un artifice qui, à lui seul, suffirait pour trahir la fraude : cet artifice, fort ingénieux d'ailleurs, a pour but de dissimuler l'inclinaison du tronc, si considérable dans les déviations factices, en coupant obliquement de bas en haut, et de gauche à droite ou de droite à gauche, suivant le côté de la flexion, la base des plâtres destinés à représenter les déviations simulées, de telle facon que l'extrémité supérieure du tronc soit ramenée dans l'axe vertical, sans diminuer en rien l'étendue de la flèche de la courbure. *Or, le plâtre de Jenny Guéry offre cette coupe oblique à un très-haut degré.*

En conséquence, votre commission, après s'être livrée à un examen approfondi des faits consignés dans le travail de M. Guérin et des pièces présentées à l'appui, regarde comme parfaitement démontrées les propositions suivantes :

1° Il est facile d'imiter, jusqu'à un certain point, par de simples attitudes, les déviations latérales de l'épine.

2° Ces imitations imparfaites ont des caractères uniformes et spéciaux, à l'aide desquels on peut toujours les reconnaître.

3° Les caractères des déviations simulées ne se retrouvent jamais dans les déviations pathologiques, et réciproquement.

4° L'inspection seule d'un plâtre appartenant à une déviation factice suffit pour en faire reconnaître l'origine.

La commission conclut à ce que l'Académie accorde son approbation au travail de M. Guérin; elle propose en outre son insertion parmi les mémoires des savants étrangers.

Paris, ce 7 juin 1856.

Au nom de la commission,

Cruveilhier, *rapporteur.*

DEUXIÈME RAPPORT.

D'après la décision prise par l'Académie à la fin de la dernière séance, les deux commissions, savoir, celle chargée de faire un rapport sur le Mémoire de M. Guérin, et celle qui avait suivi, dans le temps, les effets du traitement Hossard, se sont réunies à l'amphithéâtre de Clamart.

M. Guérin a présenté aux commissaires réunis, auxquels se sont adjoints MM. Serres et Adelon, et les pièces naturelles, et les plâtres qu'il avait déjà produits devant la nouvelle commission. En outre, cédant à la prière de plusieurs membres, M. Guérin a bien voulu nous montrer sur lui-même de quelle manière il était possible de simuler une déviation latérale de l'épine. Tous les commissaires ont pu constater l'identité de la courbure que

M. Guérin imprimait à sa colonne vertébrale et de celle des plâtres fournis comme exemples de déviations simulées.

M. Guérin a ensuite soumis aux commissaires cent plâtres représentant le plus grand nombre des difformités de la taille, et cela dans toutes leurs nuances, depuis le degré où elles sont à peine appréciables jusqu'à celui où elles constituent une difformité considérable. Eh bien! dans aucun de ces cent cas les règles établies relativement à la distinction entre les déviations simulées et les déviations morbides n'ont été trouvées en défaut, au moins pour la majorité de la commission.

Préalablement à l'examen de ces cent plâtres, une discussion s'était engagée au sujet des conclusions soumises dans la dernière séance à la sanction de l'Académie; et la question ayant paru suffisamment éclairée, M. Double, l'un des commissaires, a été prié de recueillir les voix. Sur onze commissaires, neuf ont voté pour l'adoption intégrale des conclusions du rapport; une minorité composée de deux membres, tout en approuvant d'une manière générale les caractères différentiels établis par M. Guérin entre les déviations simulées et les déviations morbides, a pensé qu'il pouvait se rencontrer des cas où la distinction serait impossible. En conséquence, elle aurait désiré des restrictions à plusieurs de ces conclusions, et nommément la suppression des mots *toujours* et *jamais* de la deuxième et de la troisième proposition.

Paris, ce 10 juin 1836.

Au nom de la commission,

CRUVEILHIER, *rapporteur.*

TROISIÈME RAPPORT.

L'Académie ayant décidé, dans une de ses dernières séances, que plusieurs lettres qui lui ont été adressées au sujet de la discussion sur les déviations simulées seraient renvoyées à l'examen des deux commissions, et l'objet d'un nouveau rapport supplémentaire, vos deux commissions se sont réunies plusieurs fois à cet effet; et, avant de vous faire connaître les conclusions définitives auxquelles elles se sont arrêtées, elles ont cru devoir vous présenter le résumé des nouveaux documents qu'elles ont été chargées d'examiner.

Ces documents se composent : 1° d'une lettre de M. Hossard ; 2° d'une lettre de M. le docteur Lachèze ; 3° de trois lettres de M. le docteur Bouvier, auxquelles la commission a cru devoir joindre une quatrième lettre de M. Bouvier, qui avait été adressée à l'Académie le 22 septembre 1835 ; 4° de deux lettres de M. le docteur J. Guérin.

Lettre de M. Hossard, datée du 14 juin 1836. — Dans cette lettre, M. Hossard s'excuse de n'avoir pas le temps de répondre, par un *travail scientifique*, au mémoire de M. Guérin sur les courbures artificielles, et d'ajouter ainsi la démonstration aux exemples de courbures simples et pathologiques du rachis cités dans Delpech, Jalade-Lafond et Pravaz.

Il demande si, dans les cas de courbures simulées, ces courbures pourraient résister à la suspension par les bras et aux tractions exercées en même temps sur les jambes, ainsi qu'on l'a pratiqué sur Jenny Guéry; si une courbure simulée pourrait toujours rester la même dans toutes les inflexions qu'on peut donner au rachis, à droite, à gauche, en avant, en arrière, ainsi que cela a encore été pratiqué sur Jenny Guéry;

Si une déviation simulée peut être près de cinq mois à disparaître, lorsque durant tout ce temps on emploie une force très-grande pour la combattre, ainsi qu'ont pu s'en convaincre les commissaires, qui, à toute heure et sans en instruire, venaient visiter Jenny Guéry, trouvaient toujours l'appareil en permanence, et remarquaient la rougeur causée à la peau par l'application des courroies.

Relativement à la coupe oblique du plâtre, M. Hossard met sous les yeux de la commission un dessin qui représente le tronc de Jenny Guéry, et soutient que l'obliquité de la base du plâtre est déterminée *par l'inclinaison du tronc vers la droite, et nullement par une échancrure ou rognure de cette base;* qu'elle n'est autre chose qu'une coupe à vive arête pratiquée dans le but de faire tenir le plâtre debout, ainsi qu'on l'a pratiquée à tous les autres.

Comment d'ailleurs supposer, ajoute M. Hossard, que quinze

commissaires, tantôt isolés, tantôt réunis, aient pu reconnaître comme conforme au sujet et signer un plâtre qui, rogné comme on le suppose, n'aurait point offert la même inclinaison que Jenny Guéry, surtout lorsqu'il était debout sur une table, ainsi qu'on le plaçait d'ordinaire pour l'examiner?

Tel est le contenu de la lettre de M. Hossard.

LETTRE DU DOCTEUR LACHÈZE. 14 juin 1836. — Dans cette lettre, M. Lachèze établit qu'il y a deux espèces de courbures de la colonne vertébrale : les unes sont produites par une altération essentielle et primitive des parties constituantes de cette colonne : les autres sont le résultat d'une action irrégulière des muscles, c'est-à-dire d'exercices vicieux et de fausses positions. Pour les premières, nul doute, dit M. Lachèze, que l'élévation et l'écartement des côtes, le soulèvement de l'omoplate et l'élévation de la hanche du côté de la convexité de la courbure, une disposition inverse du côté opposé, le tout joint à cette espèce de torsion qu'éprouvent les vertèbres autour de leur axe, constituent une lésion qu'on ne saurait imiter avec une colonne vertébrale bien conformée. Pour les secondes, c'est-à-dire pour les courbures par fausses positions ou attitudes vicieuses, il admet qu'une personne à taille souple peut assez bien les simuler pour laisser du doute à cet égard, de même que, sur le torse de jeunes filles entièrement difformes, on peut, à l'aide de certaines attitudes, de certains artifices de position, donner à leur colonne vertébrale une direction telle que le plâtre dissimule toute difformité.

Il conclut en disant que, bien que M. Guérin ait spécifié d'une manière très-scientifique les caractères distinctifs des courbures du rachis, il y aurait quelque danger à appliquer ses assertions à la totalité des déformations de la taille, et qu'en adoptant de prime abord les opinions de cet honorable confrère, l'Académie refroidirait le zèle de ceux qui s'occupent d'orthopédie, et qui craindraient de choquer ce corps savant en remettant en doute des questions qu'elle aurait résolues et en franchissant les limites qu'elle aurait posées.

PREMIÈRE LETTRES DE M. BOUVIER, du 22 septembre 1835. — Cette lettre a été adressée à l'Académie à l'occasion de l'enquête morale ordonnée par elle sur les faits relatifs à trois cas de déviations du rachis traitées par la ceinture à lévier (méthode de M. Hossard). Cette lettre fut accompagnée de l'envoi de quatre moules en plâtre, bien propres à jeter quelque jour sur les questions graves soulevées à cette occasion. Chaque paire de moules représente le même sujet dans deux états bien opposés : l'un des deux bustes est l'image d'une déviation latérale du rachis portée à un haut degré, l'autre ne diffère pas sensiblement de l'état normal. Or, les deux sujets sur lesquels avaient été pris ces moules en plâtre étaient naturellement droits et parfaitement conformés, et l'incurvation présentée sur l'un des moules résulte uniquement de la pose qui lui avait été donnée. L'un de ces moules, qui offre une si grande ressemblance avec Jenny Guéry, appartient à Victoire Villemain, dont il a été si souvent question dans le premier rapport. M. Bouvier ajoute que, non-seulement ces sujets gardaient d'eux-mêmes, sans aucun moyen contentif, une position qui simulait de la manière la plus trompeuse des difformités considérables du tronc, mais qu'ils pouvaient encore se livrer à des mouvements de locomotion en conservant leur attitude vicieuse comme si elle leur était naturelle, l'abandonner et la reproduire à volonté.

Dans cette première lettre, M. Bouvier avait pour but de prouver, d'une part, la possibilité des courbures artificielles, et d'une autre part la possibilité de distinguer les inflexions volontaires des déviations morbides proprement dites.

Deuxième lettre de M. Bouvier, du 14 juin 1836. — Cette lettre a été adressée à l'Académie à l'occasion du rapport qui lui a été fait sur le mémoire de M. J. Guérin, par la première commission, et des discussions qu'il a provoquées.

M. Bouvier, envisageant d'abord cette question sous le point de vue purement scientifique, se demande s'il existe des caractères certains propres à faire distinguer sur les moules des sujets les déviations réelles des déviations simulées. La solution de cette question est facile, dit M. Bouvier, pour la courbure en S, lorsque les deux courbures sont l'une et l'autre très-prononcées; mais il n'en est pas ainsi dans les déviations à courbure latérale unique, et même dans les courbures multiples, lorsqu'un des arcs est beaucoup plus marqué que les autres.

A l'appui de cette proposition, M. Bouvier parle d'une déviation de l'épine à courbure unique, comprenant la région lombaire et la presque totalité de la région dorsale, avec renversement du bassin du côté de la convexité de la courbure, de manière que le haut de l'épine revient dans la ligne verticale de gravité, ou reste même en-deçà de cette ligne, au lieu de pencher dans le sens de la concavité de la courbure. Il rapporte un cas de déviation de cette espèce, observé par lui, sur un enfant de vingt-six mois, conjointement avec MM. Laugier, Duval et Heurteloup. Cette déviation, dit M. Bouvier, était accompagnée d'une grande résistance au redressement et d'une gibbosité costale prononcée. Je ferai remarquer que c'est le seul cas que M. Bouvier ait observé de claudication par l'inclinaison du bassin, et il y avait une forte gibbosité.

M. Bouvier a, en outre, adressé à l'Académie trois moules, dont deux de déviations pathologiques, qu'il considère comme à une seule courbure, et le troisième d'une déviation simulée prise sur un enfant de neuf ans. Les apparences, dit M. Bouvier, qui distinguent les deux premiers du troisième ne diffèrent que du plus au moins, en sorte que si l'on avait moins *forcé* l'attitude du sujet dans le moule simulé, ou si on l'avait un peu outrée dans les autres, la similitude serait complète. M. Bouvier cite encore, à l'appui de ces considérations, deux des plâtres provenant de trois sujets présentés par M. Tavernier, lesquels, suivant M. Bouvier, offriraient des exemples de déviations à courbure unique.

M. Bouvier signale ensuite les moyens de dissimuler, de diminuer ou d'exagérer les déviations morbides, de manière à leur imprimer certaines apparences des déviations simulées.

Quatre plâtres mis sous les yeux de l'Académie, dans sa séance extraordinaire, attestent qu'on peut altérer et même défigurer complétement certains caractères des déviations morbides, au point de rendre leur détermination fort difficile.

Abordant la question de savoir si le plâtre de Jenny Guéry représente une déviation factice, M. Bouvier reconnaît une identité absolue entre ce moule et ceux des déviations factices. Il avait signalé, il y a trois mois, l'identité la plus parfaite entre le moule de Jenny Guéry et celui de Victoire Villemain ; mais doit-on conclure de cette identité que le moule de Jenny Guéry appartient à une déviation factice? M. Bouvier croit qu'on peut opter entre ces deux interprétations : ou bien admettre que le plâtre de Jenny Guéry appartient à une déviation factice complétement simulée, ou bien admettre que ce plâtre appartient à une déviation factice produite par une forte exagération d'une courbure pathologique réelle. « Pour moi, dit M. Bouvier, il me paraît évident que les

> *caractères outrés, indices certains d'une attitude forcée*, qui se
> *remarquent sur le moule de cette fille, s'accordent également*
> *bien avec l'une et l'autre hypothèse.*

Une troisième et une quatrième lettres ont encore été adressées à l'Académie par M. Bouvier. La troisième lettre a pour objet l'histoire d'un cas curieux de déviation considérable de l'épine, avec courbure principale dans la région dorso-lombaire et quatre courbures très-visibles à la partie antérieure du tronc, et presque inappréciables en arrière par la direction des apophyses épineuses. Pendant la vie, le sujet avait le tronc tellement incliné du côté droit, qu'il ne conservait l'équilibre qu'en s'appuyant sur un bâton qu'il tenait de la main droite.

La pièce pathologique a été mise sous les yeux de l'Académie. M. Bouvier donne ce fait comme un exemple incontestable de déviation pathologique de l'épine à une seule courbure, et sans courbure de balancement suffisante pour rétablir l'équilibre.

La quatrième et dernière lettre de M. Bouvier est exclusivement relative à la coupe oblique des plâtres de Jenny Guéry et de Victoire Villemain. Suivant M. Bouvier, cette disposition peut être aussi bien le résultat d'une section horizontale du plâtre pendant une attitude où le bassin est incliné d'un côté, que le résultat d'une coupe artificielle. Le plâtre de Victoire Villemain a été pris dans une attitude semblable. Le sujet était debout, reposait sur la pointe du pied gauche, pendant que le genou droit était fléchi et que le tronc était fortement incliné à gauche.

Lettres de M. Guérin. — Les deux lettres de M. Guérin renferment des développements et des observations qui ont pour but de préciser et de rappeler à ses véritables termes la question traitée par l'auteur, et de répondre aux différentes objections qui ont été adressées au rapport de la commission, soit par divers membres de l'Académie, soit par les auteurs des lettres dont je viens de donner l'analyse. Comme la plupart des observations de M. Guérin doivent être reproduites dans la discussion à laquelle nous allons nous livrer, nous nous réservons, pour prévenir des répétitions, de vous les faire connaître au fur et à mesure que l'occasion de les appliquer se présentera.

Tel est, Messieurs, le contenu des lettres que vous avez renvoyées à l'examen des deux commissions réunies. Il a paru à vos commissions que les objections renfermées dans ces diverses let-

tres, et celles adressées au rapport par plusieurs membres de l'A-
cadémie, peuvent se résumer dans les trois chefs suivants :

1° Il peut exister des déviations latérales à une seule courbure :
les planches des ouvrages de Delpech , de MM. Lafont et Pravaz,
l'opinion de ces auteurs et celle de MM. Lachèze et Bouvier, quelques faits présentés par M. Bouvier, témoignent en faveur de cette
proposition.

2° Il peut exister des déviations récentes ou spontanées à une
seule courbure, sans torsion appréciable des vertèbres : tels sont
les exemples cités par M. Villermé, et ceux des déviations produites par contracture musculaire, observés par MM. Petit, Alard,
Guersent.

3° Enfin on peut modifier, dissimuler ou exagérer les déviations réelles, au point de faire confondre les plâtres provenant de
ces difformités avec ceux des déviations simulées , ou au moins de
rendre cette distinction difficile : telle est l'opinion de MM. Lachèze et Bouvier.

La commission a examiné ces trois chefs d'objections , sous le
double point de vue et de la réalité des faits allégués , et de leur
degré d'importance dans la discussion qui nous occupe.

Voici le résultat de notre examen sous ce double rapport :

L'existence des déviations latérales à une seule courbure a été
appuyée sur l'opinion et sur les dessins publiés par quelques auteurs, et sur les observations de MM. Bouvier et Lachèze. Or, la
commission a examiné avec le plus grand soin les planches de
l'atlas de Delpech , celles de MM. Lafont et Pravaz, et elle n'a
trouvé dans aucune d'exemple de courbure unique. Les planches
de Delpech représentent matériellement le contraire de ce qu'on
a cru y voir ; toutes offrent, à des degrés plus ou moins marqués,
des déviations à plusieurs courbures.

Quant à la planche de l'ouvrage de M. Pravaz, elle a été em-
pruntée, comme l'auteur le dit lui-même, au docteur Shaw, et ni
l'original ni la copie ne nous ont permis de méconnaître un exemple de déviation à plusieurs courbures. L'explication de l'erreur
où ces auteurs sont tombés est fort naturelle et découle de ce fait,
que j'avais déjà constaté et que M. Guérin a mis surtout en évi-
dence , savoir : que les courbures de la colonne vertébrale ne sont
jamais énumérées par celles des apophyses épineuses, en sorte que
des déviations supposées jusqu'ici à une seule courbure en avaient
une seconde, une troisième, trop peu considérables pour qu'on

pût les apprécier par la région postérieure de la colonne vertébrale. La pièce pathologique présentée par M. Bouvier comme
un exemple de déviation latérale à une seule courbure vient pré-
cisément à l'appui de ces réflexions; car, suivant M. Bouvier lui-
même, vue en avant, elle offre quatre courbures, dont une seule
est appréciable en arrière.

Quant aux plâtres envoyés par M. Bouvier et à ceux de M. Tavernier, cités comme des exemples de courbures uniques,
ou bien ces plâtres offrent des degrés de déviations si faibles encore qu'elles pouvaient exister sans courbures de balancement appréciables, ou bien ils présentent plusieurs courbures caractéri-
sées par les premiers indices de la torsion et des reliefs musculaires
consécutifs, indices que votre commission n'a pu s'empêcher de
reconnaître.

Nous ajouterons, pour compléter la démonstration :

1° L'observation de tous les squelettes appartenant à des indi-
vidus déviés, de tout âge et de tout sexe, que j'ai pu me procurer,
soit dans le muséum Dupuytren, soit dans celui de Clamart, squelettes dont aucun ne m'a offert de déviation à courbure unique ;

2° Une preuve physique, qui appartient à M. Guérin, et qui établit l'impossibilité d'une courbure unique un peu prononcée, bor-
née à une portion de l'épine seulement, sans courbure de balancement, savoir : que le passage de la partie courbée d'une tige à
la ligne droite ne peut s'effectuer qu'au moyen d'un angle ou d'une
autre courbure en sens inverse, à moins que la tige tout entière ne
participe à l'arc de courbure.

Mais admettons un moment qu'il puisse exister des déviations
du rachis à courbure unique. Quels en sont les caractères, et
quelle serait leur importance dans la question qui nous occupe?
Suivant le seul fait rapporté par M. Bouvier, il y a, dans la déviation dorso-lombaire à courbure unique, un renversement du
bassin du côté de la convexité, et de plus (remarquez bien ceci)
une gibbosité dorso-lombaire proportionnée au degré de courbure,
et enfin un retour de l'extrémité supérieure du tronc dans la verticale, et même un écartement de cette extrémité qui peut rester
en-deçà de la ligne de gravité. Vous voyez, Messieurs, que même
dans la supposition de déviations latérales pathologiques à une
seule courbure, il y aurait toujours possibilité de les distinguer
des déviations simulées; car, ainsi que l'a fait remarquer M. Guérin, « les distinctions établies entre deux ordres de faits, dans les

» sciences d'observation, ne sont pas établies sur un caractère
» seulement, mais sur un ensemble de caractères dont un ou quel-
» ques-uns peuvent manquer et être suppléés par la présence des
» autres. C'est ainsi qu'à supposer qu'il pût y avoir des déviations
» marquées à une seule courbure, il y aurait toujours l'ensemble
» des caractères tirés du siége de la courbure, de son étendue, de
» la direction du tronc, de la torsion des vertèbres, du soulève-
» ment des parties latérales du côté convexe, de leur dépression
» du côté concave, et de l'absence des plis de la peau du côté de
» la concavité. »

Le second chef d'objections comprend les déviations récentes
ou spontanées survenues à la suite de coxalgie ou par con-
tractures musculaires, dont les formes seraient susceptibles de
ressembler à celles des déviations simulées. Je ne puis mieux répondre à ces objections qu'en citant textuellement le passage de la
lettre de M. Guérin qui a trait à ce point de pratique : « J'ai eu
» occasion, dit-il, d'observer un assez grand nombre d'exemples
» de déviations consécutives à la coxalgie, et toujours j'y ai trouvé
» plusieurs courbures avec torsion de l'épine. Ces sortes de dévia-
» tions offrent, en outre, un caractère tout spécial : la hanche du
» côté malade est élevée, proéminente, globuleuse, par suite de
» la maladie articulaire. Une observation incomplète et préoccu-
» pée a pu seule invoquer l'analogie de cet ordre de faits avec les
» formes des déviations simulées.

» Quant à la flexion de l'épine par suite de contracture muscu-
» laire, ce n'est que par le plus étrange abus de mots et par la plus
» étrange confusion des choses que l'on est parvenu à placer cette
» maladie parmi les déviations latérales de l'épine et lui donner
» cette dénomination. Quand on en vient à des substitutions de
» ce genre, il faut bien rappeler les choses à leur véritable sens et
» à leur stricte définition. Or, on entend par déviation latérale de
» l'épine cet état pathologique où un certain nombre de vertèbres
» décrivent un ou plusieurs arcs latéraux en dehors de la verti-
» cale, tandis que le reste de la colonne et le tronc tout entier sont
» maintenus dans la ligne de gravité. La flexion latérale de l'épine
» consiste, au contraire, dans l'inclinaison du tronc à droite ou à
» gauche, au moyen des articulations naturelles du rachis, et sans
» aucun des caractères inséparables des déviations pathologiques.
» Cette distinction est si rigoureuse, que beaucoup d'anciens au-
» teurs, et aujourd'hui même encore les Anglais et les Allemands,

» regardent les déviations latérales comme des luxations ou des
» sub-luxations des vertèbres, et n'y voient aucune analogie avec
» la flexion latérale du rachis. Je n'ai donc pas dû prendre en
» considération les rapports de formes qu'il pouvait y avoir entre
» une flexion volontaire et une flexion spasmodique du rachis,
» quand j'ai dit qu'il n'y avait aucune ressemblance entre la vé-
» ritable déviation pathologique et la déviation simulée. La flexion
» de l'épine par contracture et la déviation latérale appartiennent
» à deux ordres de faits, de cause, de siége, de marche, de forme
» et de traitement différents, et ne peuvent par conséquent être
» confondues sous la même dénomination. »

Ces considérations, empruntées à la lettre de M. Guérin, nous
ont paru suffisantes pour vous convaincre que les faits relatifs à
la flexion latérale du rachis par contracture doivent être écartés
de la question par une fin légitime de non-recevoir; qu'en un mot
les déviations musculaires de la colonne vertébrale ne sauraient
être rapprochées des déviations osseuses, pour me servir du lan-
gage énergique et précis de M. Castel.

Enfin le troisième chef d'objections, relatif aux modifications
que l'on peut faire subir aux déviations morbides, dans le but d'en
altérer, modifier, dissimuler ou exagérer les formes, et de les
rendre difficiles à distinguer, sur le plâtre, d'avec les déviations
simulées, ce troisième chef d'objections a paru à votre commission devoir être indiqué plutôt qu'approfondi, comme n'ayant
aucun trait à la question pendante devant l'Académie. De quoi
s'agit-il, en effet, dans le mémoire de M. Guérin et dans le rapport
auquel il a donné lieu? de prouver qu'il existe *des caractères positifs pour distinguer les déviations latérales réelles des déviations
simulées par imitation.* Toute la thèse a été limitée à deux termes
de comparaison nets et précis, savoir : les *déviations latérales
morbides* et les *déviations simulées par imitation.* Toutes les questions relatives aux combinaisons de formes et de reliefs multiples
qu'il est possible d'imprimer à la colonne vertébrale, aux déviations simulées par exagération ou aux déviations dissimulées, lui
sont complétement étrangères.

Du reste, Messieurs, votre commission est convaincue qu'à
l'aide des caractères différentiels établis par M. Guérin, il sera
toujours possible de distinguer les déviations simulées par exagération des déviations purement simulées et des déviations naturelles.

En ce qui concerne le fait particulier de Jenny Guéry, votre commission n'a trouvé, ni dans la discussion, ni dans les lettres, ni dans les faits qui lui ont été soumis, aucun élément qui dût changer la conviction qu'elle vous a exprimée. La seule explication qu'on ait essayé de donner est relative à la coupe oblique du plâtre, qu'on a attribuée à l'obliquité du bassin. Cette explication, fût-elle plausible, ne suppléerait en aucune manière à l'absence des autres caractères de la déviation pathologique, qui manquent si complétement sur le plâtre de Jenny Guéry. Cette explication est d'ailleurs dénuée de toute vraisemblance et se trouve démentie par les autres circonstances, du fait. L'auteur en effet, a été obligé de supposer que le tronc était *incliné à droite*. Or, il est constant que la partie supérieure du tronc était fortement inclinée à gauche, c'est-à-dire du côté de la concavité. Le plâtre offre tous les indices d'une forte flexion latérale gauche. Ainsi la distance de l'aisselle et de la crête du bassin est de quatre pouces à gauche et de neuf pouces environ à droite.

Si l'on considère d'ailleurs que, dans l'hypothèse de la coupe horizontale de la base du plâtre, l'inclinaison du bassin serait de quatre pouces environ; qu'un arc de cercle de quatre pouces, mesurant le degré d'inclinaison du bassin, tout près du centre du mouvement, aurait dû être de huit à neuf pouces à l'extrémité du rayon représenté par la colonne vertébrale; que, par la même raison, l'extrémité supérieure du tronc aurait dû s'écarter, à droite, de huit à neuf pouces de la verticale, on verra que l'équilibre ne pouvait subsister avec de pareilles conditions. Cependant, malgré ces raisonnements et malgré les figures explicatives que M. Guérin a présentées à vos commissaires, il aurait pu rester encore quelques doutes dans l'esprit du rapporteur de votre commission relativement à la coupe oblique des plâtres de Jenny Guéry et de Victoire Villemain; et ces doutes lui avaient été surtout suggérés par la quatrième lettre de M. Bouvier, qui pense que cette coupe peut être aussi bien le résultat d'une section horizontale des plâtres pendant que le bassin est incliné d'un côté, que le résultat d'une coupe artificielle. L'expérience seule pouvait résoudre toutes les difficultés à cet égard : *Physica physice demonstranda.*

Votre rapporteur s'est donc transporté à la Muette, où, sur sa prière, M. Guérin a fait venir un modèle de dix-neuf à vingt ans, appelé Joséphine Cayeux. Cette fille prit et reprit vingt fois de suite, tantôt d'un côté, tantôt de l'autre, l'attitude simulant une déviation latérale de l'épine; elle marcha, se livra à toute espèce de mouvements, sans que les caractères et les apparences de la difformité fussent le moins du monde altérés. Votre rapporteur s'assura ensuite que la suspension par les bras et les tractions exercées sur les membres inférieurs ne faisaient pas disparaître la courbure simulée de l'épine. Après toutes ces expériences, Joséphine Cayeux a été moulée dans l'attitude vicieuse, le sujet se tenant sur la pointe du pied gauche pendant que le genou droit était fléchi, et le résultat de cette opération fut le plâtre que j'ai l'honneur de soumettre à l'Académie, et dont l'identité parfaite avec celui de Jenny Guéry ne saurait être contestée.

Votre rapporteur s'est convaincu que, malgré l'inclinaison donnée au bassin par l'élévation de la hanche gauche et l'abaissement de la hanche droite, la section horizontale du plâtre n'a pu produire, à beaucoup près, la direction oblique qu'on trouve dans les moules de Jenny Guéry et de Victoire Villemain. Il a fallu recourir à la coupe oblique indiquée par M. Guérin, et retrancher de la base du plâtre la portion triangulaire que j'ai l'honneur de vous présenter.

Tels sont, Messieurs, les développements que nous avons cru devoir vous présenter en réponse aux objections adressées à notre premier rapport, et qui en forment le complément nécessaire. Nous nous sommes applaudis, dans l'intérêt de la science, de la controverse à laquelle a donné lieu notre premier rapport, les discussions qui se sont élevées à ce sujet nous ayant fourni de nouveaux éléments de conviction et ayant servi comme de contrôle à la vérité. Vos deux commissions réunies, après avoir pris connaissance de tous les faits relatifs à la question qui leur était soumise, sans rien changer au fond des conclusions de leur premier rapport, ont cru devoir donner à ces conclusions une forme moins absolue, et par conséquent plus rigoureuse. Ainsi modifiées, elles ont été adoptées à l'unanimité par tous les commissaires réunis. Voici ces conclusions :

1° Il est facile d'imiter jusqu'à un certain point, par de simples attitudes, les déviations latérales de l'épine.

2° Les imitations imparfaites de ces déviations offrent des caractères dont l'ensemble permet de les reconnaître lorsqu'elles sont portées à un certain degré.

3° L'ensemble des caractères propres aux déviations simulées ne se retrouve point dans les déviations pathologiques, et réciproquement ;

4° L'inspection seule d'un plâtre provenant d'une déviation factice portée à un certain degré suffit pour en faire reconnaître l'origine.

Les trois rapports qu'on vient de lire ont été adoptés par l'Académie, avec les modifications suivantes dans les conclusions :

1° Les déviations simulées offrent des caractères dont l'ensemble permet de les reconnaître lorsqu'elles sont portées à un certain degré.

2° L'ensemble des caractères propres aux déviations simulées ne se retrouve point dans les déviations pathologiques, et réciproquement.

3° L'Académie accorde son approbation au mémoire de M. Guérin et vote son insertion dans le recueil de ses mémoires.

Paris, ce 16 août 1856.

Au nom de la commission,

CRUVEILHIER, *rapporteur.*